AF199998

Impressum
Verlag: BABADADA GmbH, Nedderfeld 112 , 22529 Hamburg
Geschäftsführer / Verlagsleitung: Harald Hof
Druck: Books on Demand GmbH, In de Tarpen 42, 22848 Norderstedt

Imprint
Publisher: BABADADA GmbH, Nedderfeld 112 , 22529 Hamburg, Germany
Managing Director / Publishing direction: Harald Hof
Print: Books on Demand GmbH, In de Tarpen 42, 22848 Norderstedt

# school
# skool

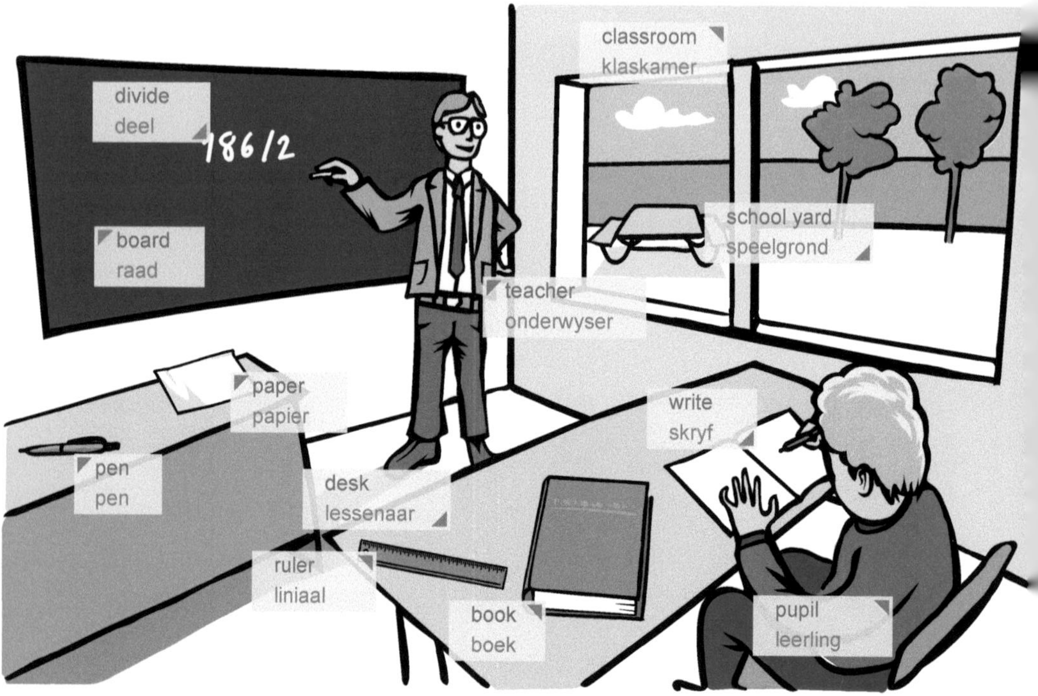
classroom
klaskamer
divide
deel
186/2
board
raad
school yard
speelgrond
teacher
onderwyser
paper
papier
write
skryf
pen
pen
desk
lessenaar
ruler
liniaal
book
boek
pupil
leerling

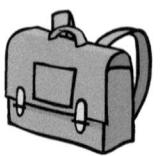

satchel
skooltas

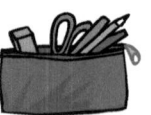

pencil case
potloodhouer

pencil
potlood

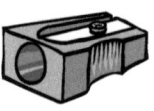

pencil sharpener
skerpmaker

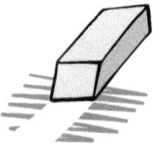

rubber
rubber

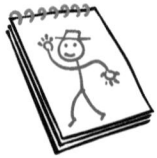

drawing pad
tekenblok

drawing

tekening

paintbrush

verfkwas

paint box

verfoppervlak

scissors

skêr

glue

gom

exercise book

oefenboek

homework

huiswerk

number

aantal

add

optel

subtract

aftrek

multiply

maal

calculate

bereken

letter

brief

alphabet

alaphabet

word

woord

text
............
teks

read
............
lees

chalk
............
kryt

lesson
............
les

register
............
registreer

exam
............
eksamen

certificate
............
sertifikaat

school uniform
............
skooluniform

education
............
onderwys

encyclopedia
............
ensiklopedie

university
............
universiteit

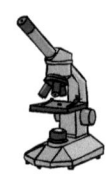

microscope
............
mikroskoop

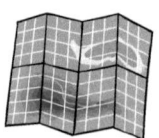

map
............
kaart

waste-paper basket
............
vullisdrom

# travel

# reis

hotel
hotel
Grand
hostel
hostel
ROOMS
CHANGE
bureau de change
bureau de change
car
motor


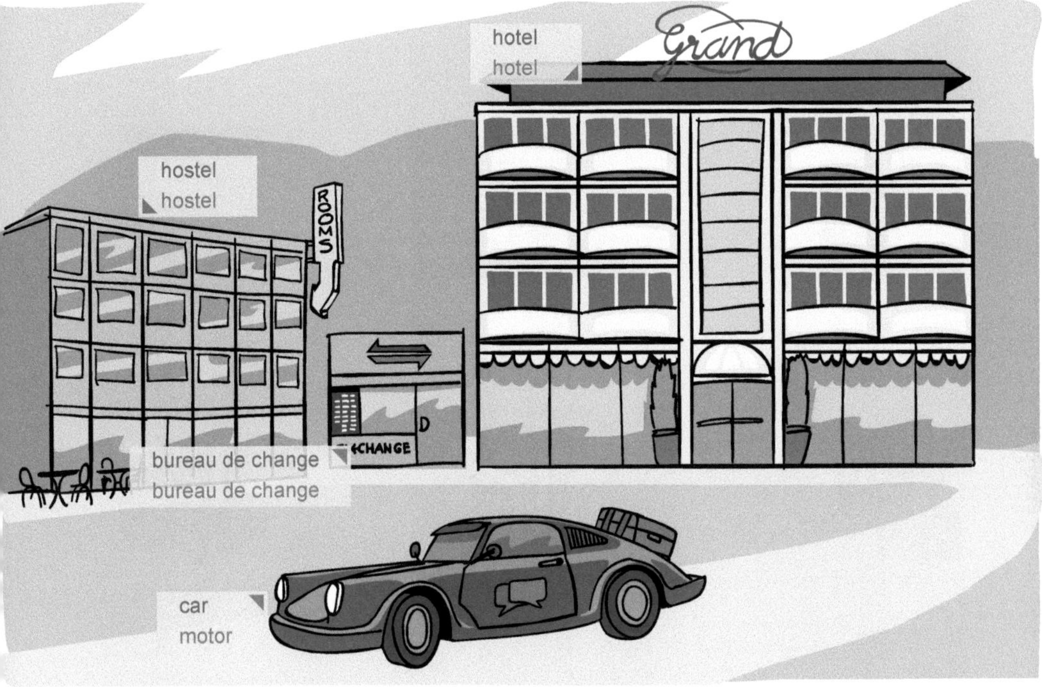

language

taal

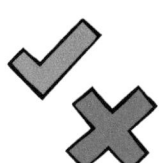

yes / no

ja / nee

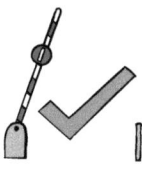

Okay

Goed

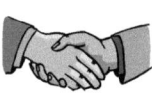

hello

hallo

translator

vertaler

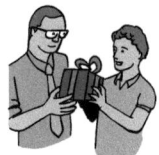

Thank you

Dankie

how much is...?

hoeveel is...?

I do not understand

Ek verstaan nie

problem

probleem

Good evening!

Goeie naand!

Good morning!

Goeie môre!

Good night!

Goeie nag!

bye bye

totsiens

direction

rigting

luggage

bagasie

bag

sak

backpack

rugsak

guest

gas

room

kamer

sleeping bag

slaapsak

tent

tent

travel - reis

| | | |
|---|---|---|
|  |  |  |
| tourist information | beach | credit card |
| toeriste-inligting | strand | kredietkaart |
|  |  |  |
| breakfast | lunch | dinner |
| ontbyt | middagete | aandete |
| 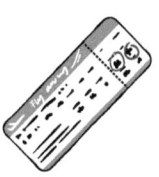 |  |  |
| ticket | lift | stamp |
| kaartjie | hysbak | posseël |
|  |  |  |
| border | customs | embassy |
| grens | doeane | ambassade |
|  |  | |
| visa | passport | |
| visum | paspoort | |

# transport
# vervoer

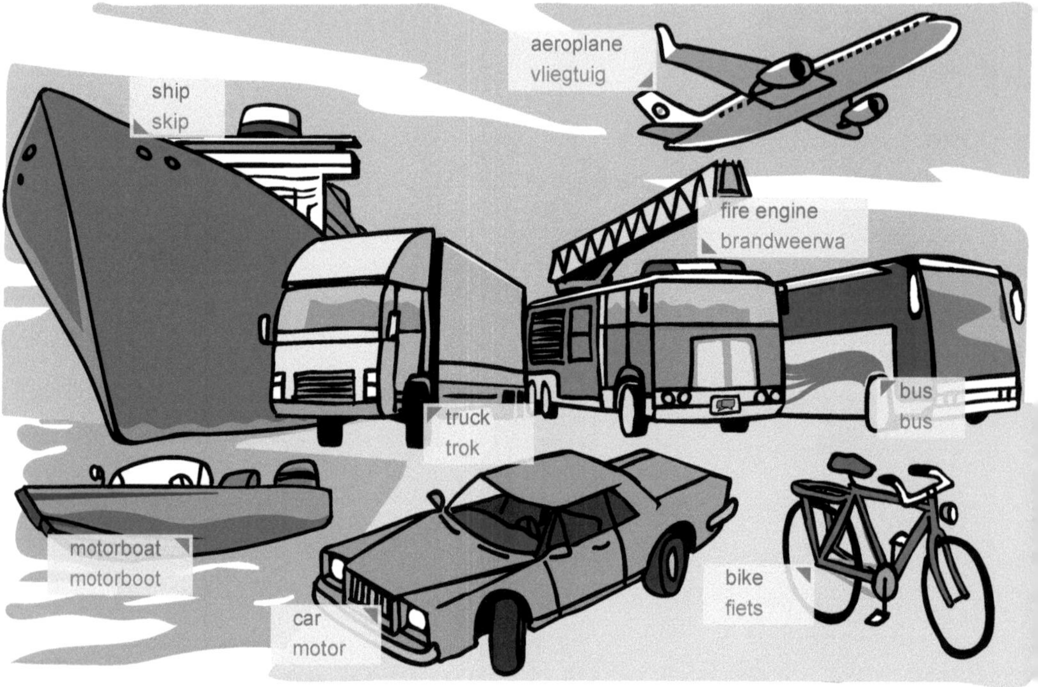
aeroplane
vliegtuig
ship
skip
fire engine
brandweerwa
bus
bus
truck
trok
motorboat
motorboot
bike
fiets
car
motor

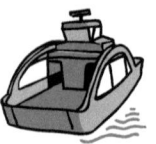

ferry
veerboot

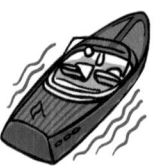

boat
boot

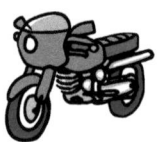

motorbike
motorfiets

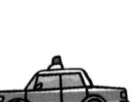

police car
polisiemotor

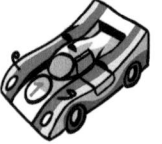

racing car
renmotor

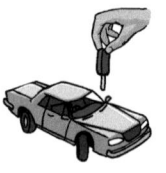

rental car
huurmotor

car sharing

car-sharing

breakdown truck

insleepvoertuig

refuse truck

vullisverwydering

motor

enjin

fuel

brandstof

petrol station

vulstasie

traffic sign

verkeersteken

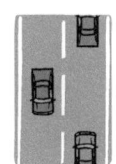

traffic

verkeer

traffic jam

verkeersknoop

car park

parkeerplek

train station

stasie

tracks

spore

train

trein

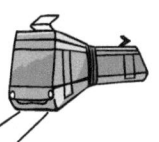

tram

tram

carriage

wa

helicopter

helikopter

airport

lughawe

tower

toring

passenger

passasier

container

houer

carton

karton

cart

karretjie

basket

mandjie

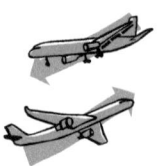

take off / land

opstyg / land

## city

## stad

village

dorpie

city centre

middestad

house

huis

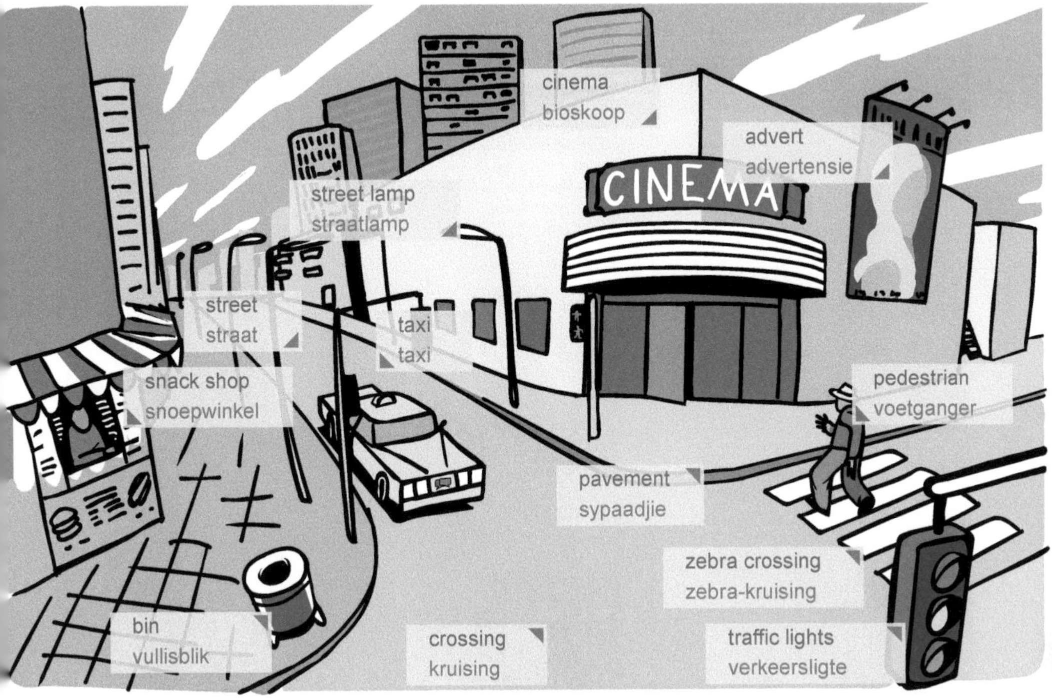

CINEMA
cinema
bioskoop
advert
advertensie
street lamp
straatlamp
street
straat
taxi
taxi
snack shop
snoepwinkel
pedestrian
voetganger
pavement
sypaadjie
zebra crossing
zebra-kruising
bin
vullisblik
crossing
kruising
traffic lights
verkeersligte

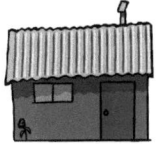

hut

hut

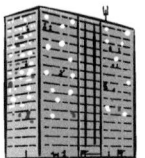

flat

woonstel

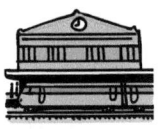

train station

stasie

town hall

stadsaal

MUSEUM

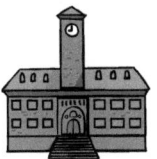

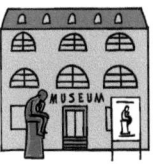

museum

museum

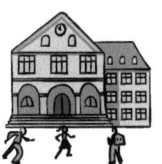

school

skool

university

universiteit

bank

bank

hospital

hospitaal

hotel

hotel

pharmacy

apteek

office

kantoor

book shop

boekwinkel

shop

winkel

florist's

bloemis

supermarket

supermark

market

mark

department store

handelshuis

fishmonger's

viswinkel

shopping centre

inkopiesentrum

harbour

hawe

park

park

bench

bankie

bridge

brug

stairs

trappe

underground

moltrein

tunnel

tonnel

bus stop

bushalte

bar

kroeg

restaurant

restaurant

postbox

posbus

street sign

straatnaambord

parking meter

parkeermeter

zoo

dieretuin

swimming pool

swembad

mosque

moskee

farm

plaas

pollution

besoedeling

graveyard

begraafplaas

church

kerk

playground

speelgrond

temple

tempel

# landscape
## landskap

signpost
padwyser

way
pad

meadow
weiland

stone
klip

tree
boom

hiker
voetslaner

river
rivier

grass
gras

flower
blom

valley

vallei

hill

heuwel

lake

meer

forest

bos

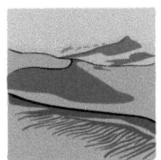

desert

woestyn

volcano

vulkaan

castle

kasteel

rainbow

reënboog

mushroom

sampioen

palm tree

palmboom

mosquito

muskiet

fly

vlieg

ant

mier

bee

by

spider

spinnekop

beetle

miskruier

frog

padda

squirrel

eekhoring

hedgehog

krimpvarkie

hare

haas

owl

uil

bird

voël

swan

swaan

boar

wildevark

deer

takbok

moose

elk

dam

opgaardam

wind turbine

windturbine

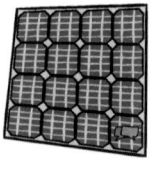

solar panel

sonpaneel

climate

klimaat

# restaurant
# restaurant

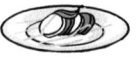

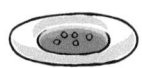

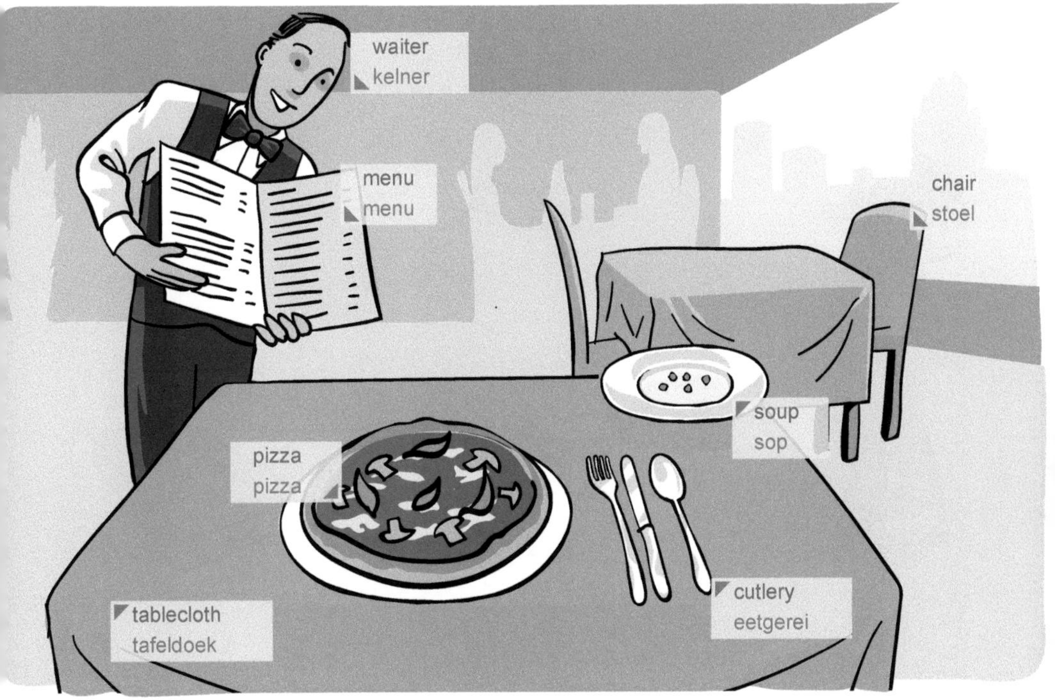
waiter
kelner
menu
menu
chair
stoel
soup
sop
pizza
pizza
tablecloth
tafeldoek
cutlery
eetgerei

starter

voorgereg

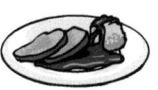

main course

hoofgereg

dessert

nagereg

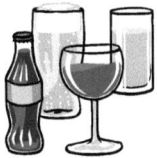

drinks

drankies

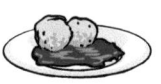

food

kos

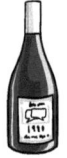

bottle

bottel

fast food

kitskos

street food

straatkos

teapot

teepot

sugar bowl

suikerverpakking

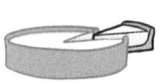

portion

porsie

espresso machine

espresso masjien

high chair

hoë stoel

bill

rekening

tray

skinkbord

knife

mes

fork

vurk

spoon

lepel

teaspoon

teelepel

serviette

servet

glass

glas

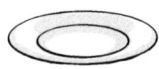

plate

gereg

soup plate

sopbakkie

saucer

piering

sauce

sous

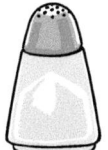

salt pot

soutpot

pepper mill

pepermeul

vinegar

asyn

oil

olie

spices

speserye

ketchup

tamatiesous

mustard

mosterd

mayonnaise

mayonaise

# supermarket

# supermark

special offer
spesiale aanbieding
FOR
customer
kliënt
dairy
suiwelprodukte
fruit
vrugte
trolley
trollie


BUTCHERS


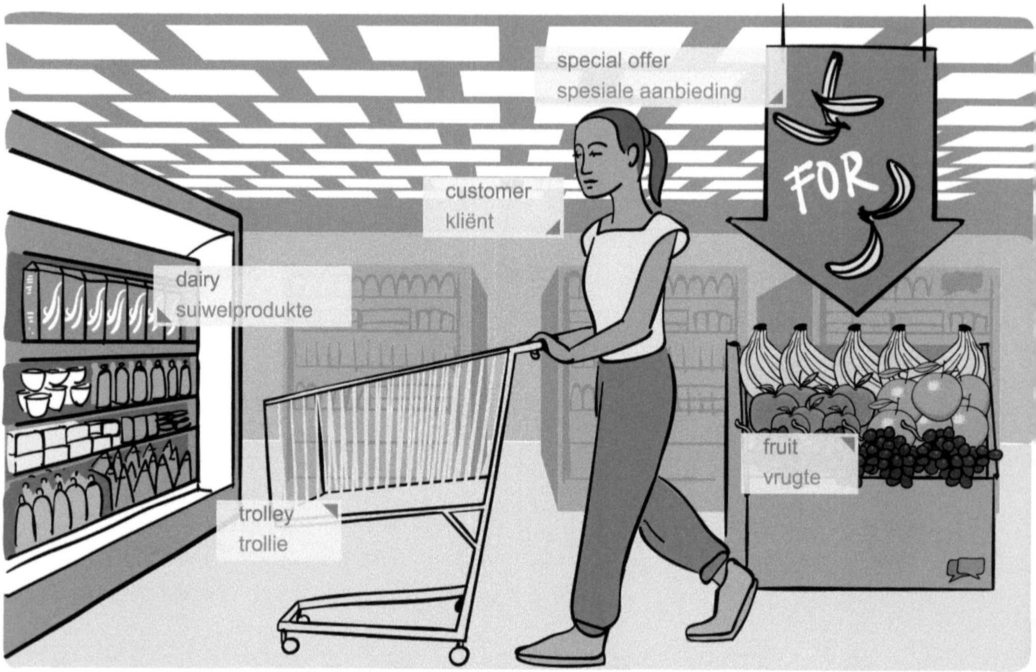

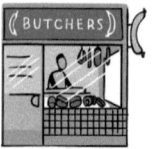

butcher´s

slaghuis

BAKERY


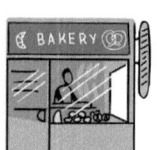

baker´s

bakkery

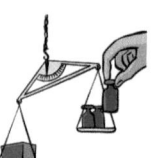

weigh

weeg

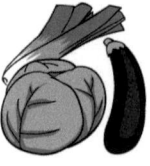

vegetables

groente

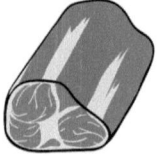

meat

vleis

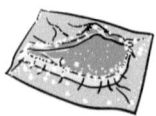

frozen food

bevrore voedsel

cold meat

kouevleis

tinned food

blikkieskos

washing powder

waspoeier

sweets

lekkers

household products

huishoudelike produkte

cleaning products

skoonmaakprodukte

salesperson

verkoopsvrou

till

kasregister

cashier

kassier

shopping list

inkopielys

opening hours

besigheidsure

wallet

beursie

credit card

kredietkaart

bag

sak

plastic bag

plastieksak

# drinks
## drankies

water
water

juice
sap

milk
melk

coke
coke

wine
wyn

beer
bier

alcohol
alkohol

cocoa
kakao

tea
tee

coffee
koffie

espresso
espresso

cappuccino
cappuccino

banana

piesang

apple

appel

orange

lemoen

melon

waatlemoen

lemon

suurlemoen

carrot

wortel

garlic

knoffel

bamboo

bamboes

onion

ui

mushroom

sampioen

nuts

neute

noodles

noedels

spaghetti

spaghetti

rice

rys

salad

slaai

chips

aartappelskyfies

fried potatoes

gebraaide aartappels

pizza

pizza

hamburger

hamburger

sandwich

toebroodjie

cutlet

kotelet

ham

ham

salami

salami

sausage

wors

chicken

hoender

roast

braaivleis

fish

vis

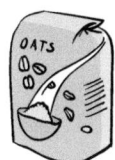

porridge oats

hawermoutflokkies

muesli

muesli

cornflakes

graanvlokkies

flour

meel

croissant

croissant

bread roll

broodrolletjie

bread

brood

toast

roosterbrood

biscuits

koekies

butter

botter

curd

dikmelk

cake

koek

egg

eier

fried egg

gebraaide eier

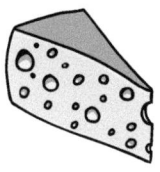

cheese

kaas

ice cream

roomys

sugar

suiker

honey

heuning

jam

konfyt

chocolate spread

nougat-smeer

curry

kerrie

# farm
# plaas

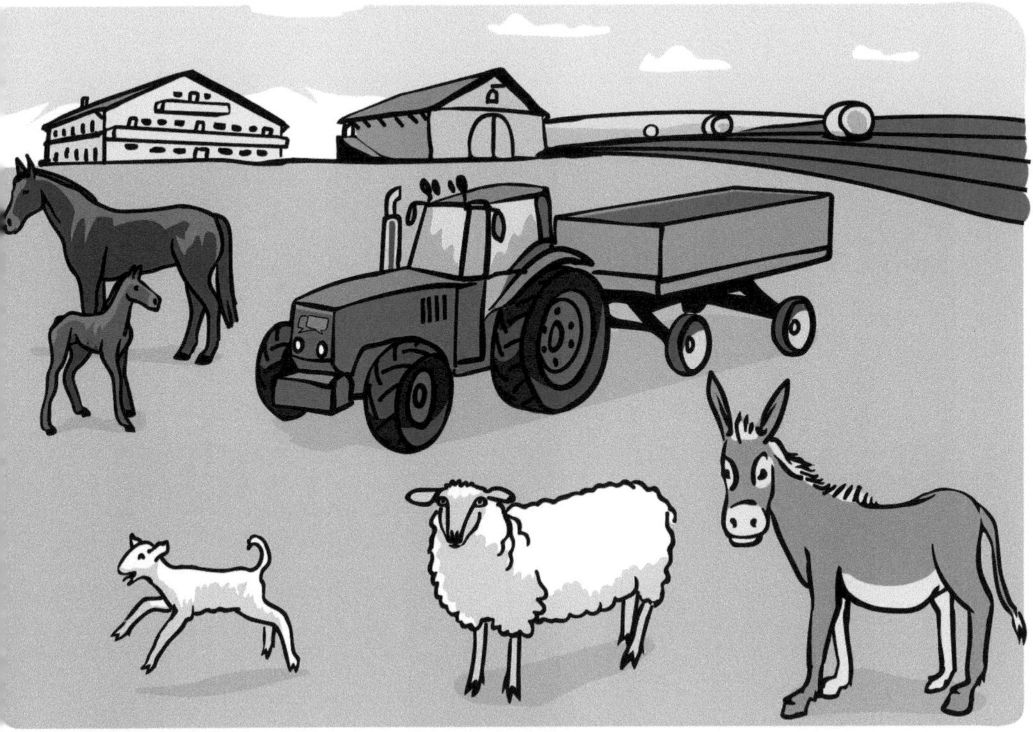

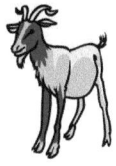

goat

bok

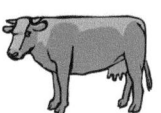

cow

koei

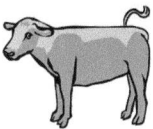

calf

kalf

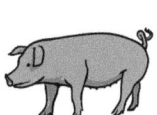

pig

vark

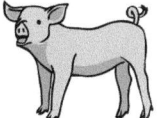

piglet

varkie

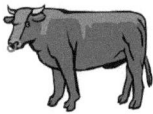

bull

bul

goose

gans

duck

eend

chick

kuiken

hen

hen

cock

haan

rat

rot

cat

kat

mouse

muis

ox

os

dog

hond

doghouse

hondehok

garden hose

tuinslang

watering can

gieter

scythe

sens

plough

ploeg

sickle

sekel

hoe

skoffel

pitchfork

gaffel

axe

byl

wheelbarrow

kruiwa

trough

trog

milk can

melkkan

sack

sak

fence

heining

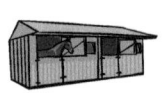

stable

stal

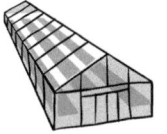

greenhouse

kweekhuis

soil

grond

seed

saad

fertilizer

kunsmis

combine harvester

stroper

harvest

oes

harvest

oes

yams

yam

wheat

koring

soy

soja

potato

aartappel

corn

koring

rapeseed

raapsaad

fruit tree

vrugteboom

cassava

broodwortel

cereals

graan

# house
# huis

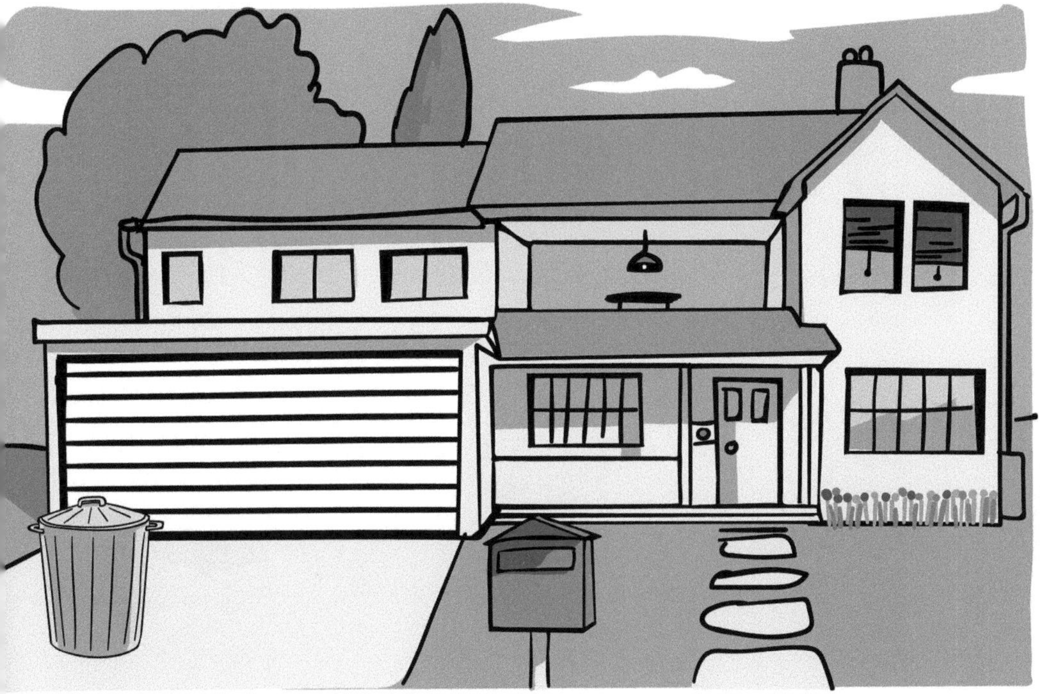

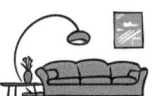

living room
..................
woonkamer

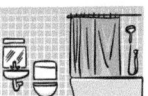

bathroom
..................
badkamer

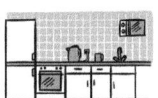

kitchen
..................
kombuis

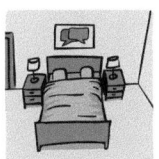

bedroom
..................
slaapkamer

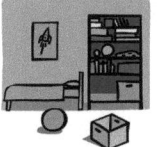

child's room
..................
kinderkamer

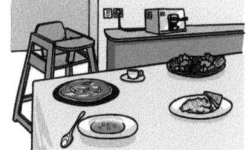

dining room
..................
eetkamer

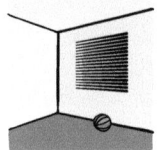

floor

vloer

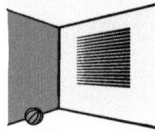

wall

muur

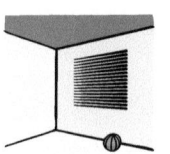

ceiling

plafon

cellar

kelder

sauna

sauna

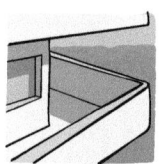

balcony

balkon

terrace

terras

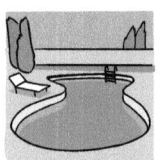

pool

swembad

lawn mower

grassnyer

sheet

beddegoedoortreksel

bedspread

deken

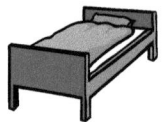

bed

bed

broom

besem

bucket

emmer

switch

skakelaar

# living room
# woonkamer

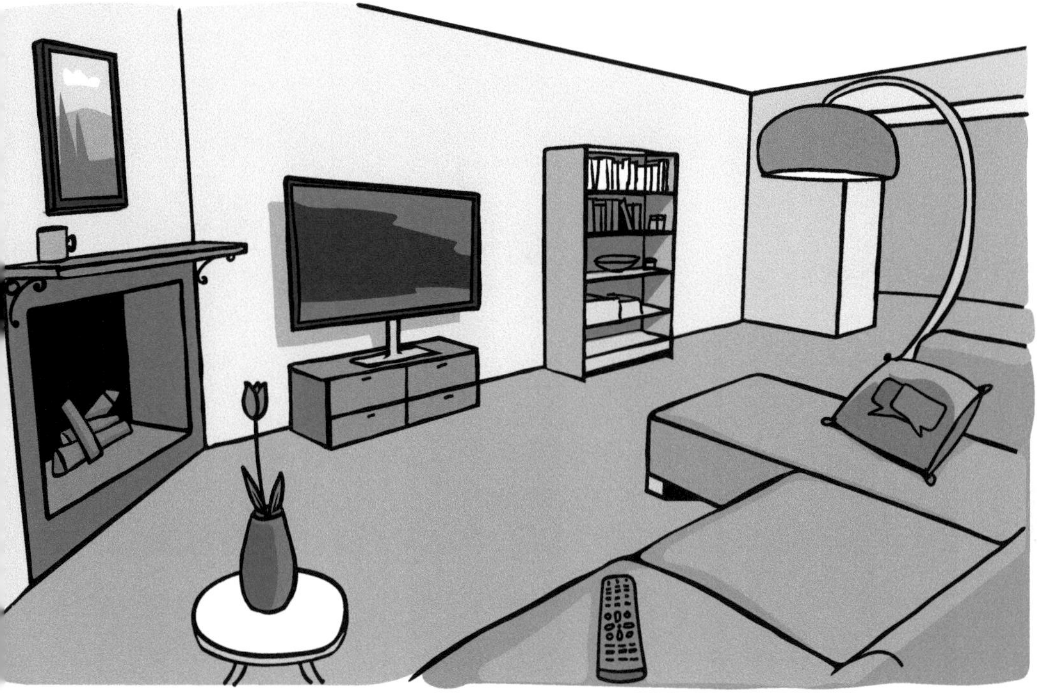

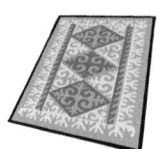

carpet

mat

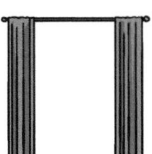

curtain

gordyn

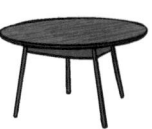

table

tafel

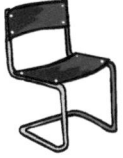

chair

stoel

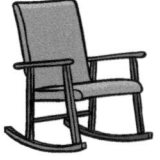

rocking chair

wiegstoel

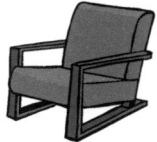

armchair

leunstoel

book

boek

blanket

kombers

decoration

versiering

firewood

vuurmaakhout

film

film

hi-fi equipment

hoëtroustel

key

sleutel

newspaper

koerant

painting

skildery

poster

plakkaat

radio

radio

notepad

notaboekie

hoover

stofsuier

cactus

kaktus

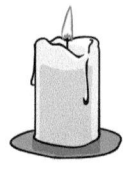

candle

kers

# kitchen
# kombuis

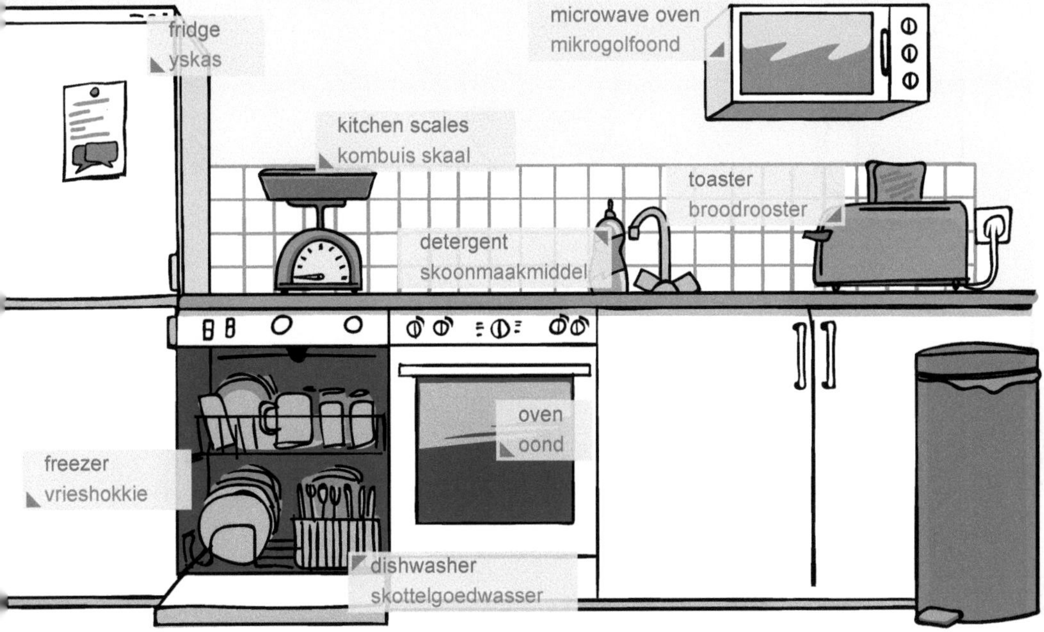
fridge
yskas
microwave oven
mikrogolfoond
kitchen scales
kombuis skaal
toaster
broodrooster
detergent
skoonmaakmiddel
oven
oond
freezer
vrieshokkie
dishwasher
skottelgoedwasser

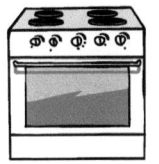

cooker
drukkoker

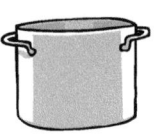

pot
pot

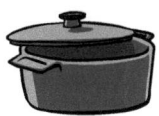

cast-iron pot
ysterpot

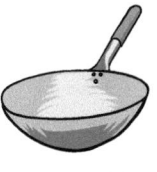

wok / kadai
wok / kadai

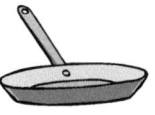

pan
pan

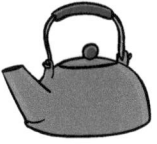

kettle
ketel

steamer

stoomkoker

baking tray

bakplaat

crockery

breekware

mug

beker

bowl

bak

chopsticks

eetstokkie

ladle

skeplepel

spatula

spatel

whisk

klitser

strainer

sif

sieve

sif

grater

rasper

mortar

vysel

barbecue

braai

open fire

oop vuur

chopping board

broodplank

rolling pin

koekroller

corkscrew

kurktrekker

can

kan

can opener

blikoopmaker

pot holder

vatlap

sink

opwasbak

brush

borsel

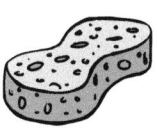

sponge

spons

blender

menger

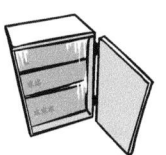

deep freezer

vrieskas

baby bottle

bababottel

tap

kraan

# bathroom
# badkamer

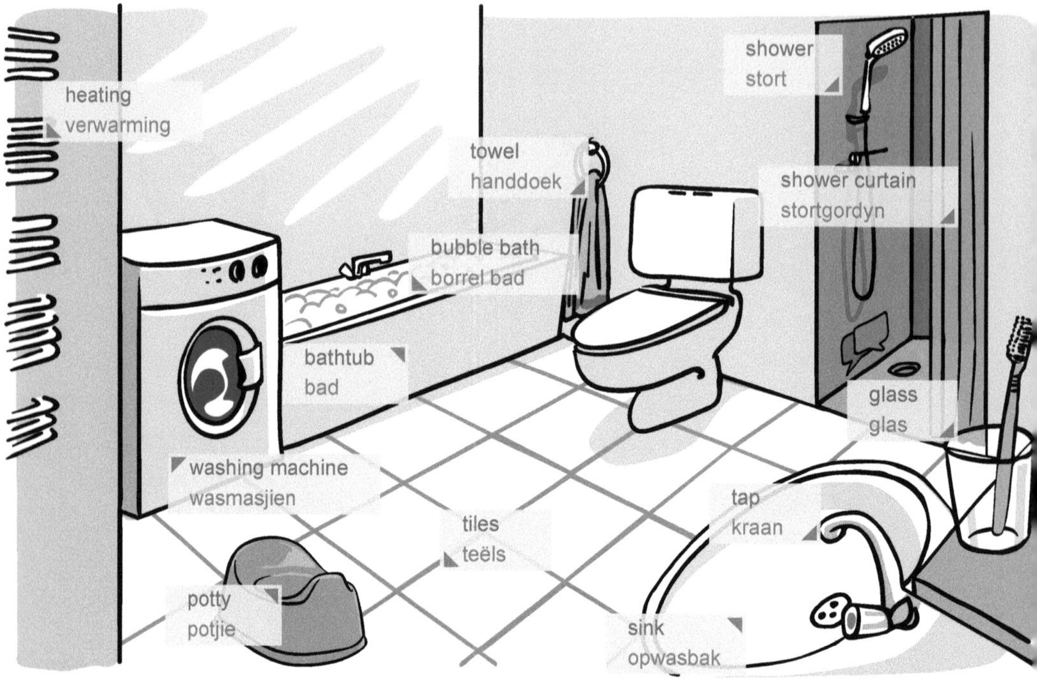

heating
verwarming
shower
stort
towel
handdoek
shower curtain
stortgordyn
bubble bath
borrel bad
bathtub
bad
glass
glas
washing machine
wasmasjien
tap
kraan
tiles
teëls
potty
potjie
sink
opwasbak

toilet

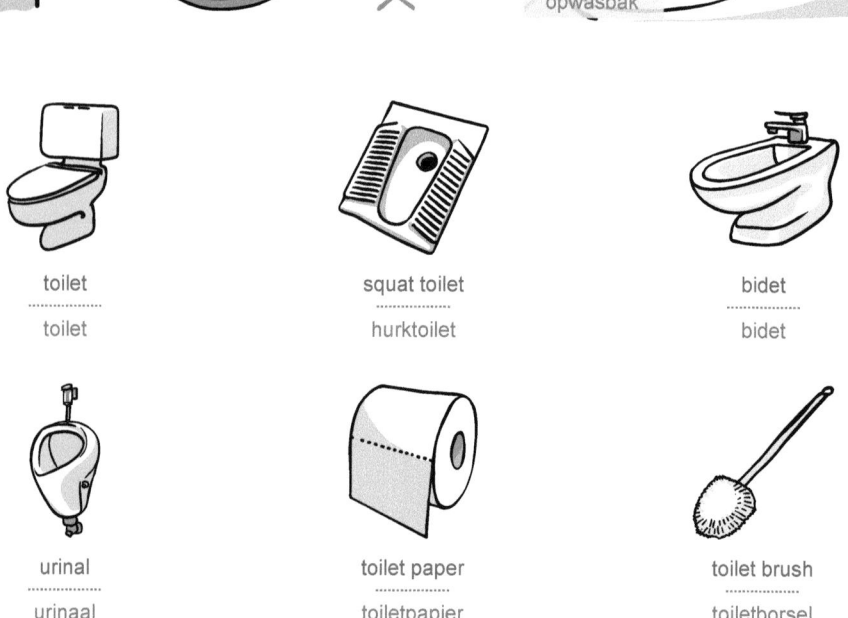

toilet

squat toilet

hurktoilet

bidet

bidet

urinal

urinaal

toilet paper

toiletpapier

toilet brush

toiletborsel

**toothbrush**

tandeborsel

**toothpaste**

tandepasta

**dental floss**

tande vlos

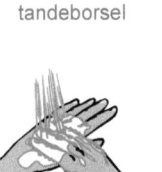

**wash**

was

**handheld shower**

handstort

**douche**

stort

**basin**

wasbak

**back brush**

rugkantborsel

**soap**

seep

**shower gel**

stortgel

**shampoo**

sjampoe

**flannel**

flanel

**drain**

drein

**cream**

room

**deodorant**

reukweerder

mirror

spieël

hand mirror

spieëltjie

razor

skeermes

shaving foam

skeerroom

aftershave

naskeermiddel

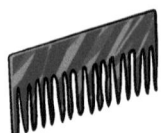

comb

kam

brush

borsel

hair dryer

haardroër

hairspray

haarsproei

makeup

grimmering

lipstick

lipstifie

nail varnish

naellak

cotton wool

watte

nail scissors

naelknipper

perfume

parfuum

washbag

toiletsakkie

stool

stoel

weighing scale

skaal

bathrobe

badjas

rubber gloves

rubberhandskoene

tampon

tampon

sanitary towel

sanitêre handdoek

chemical toilet

chemiese toilet

# child's room
# kinderkamer

alarm clock
wekker
cuddly toy
snoesige speelding
toy car
speelgoedkarretjie
rattle
ratel
doll's house
pophuis
present
geskenk

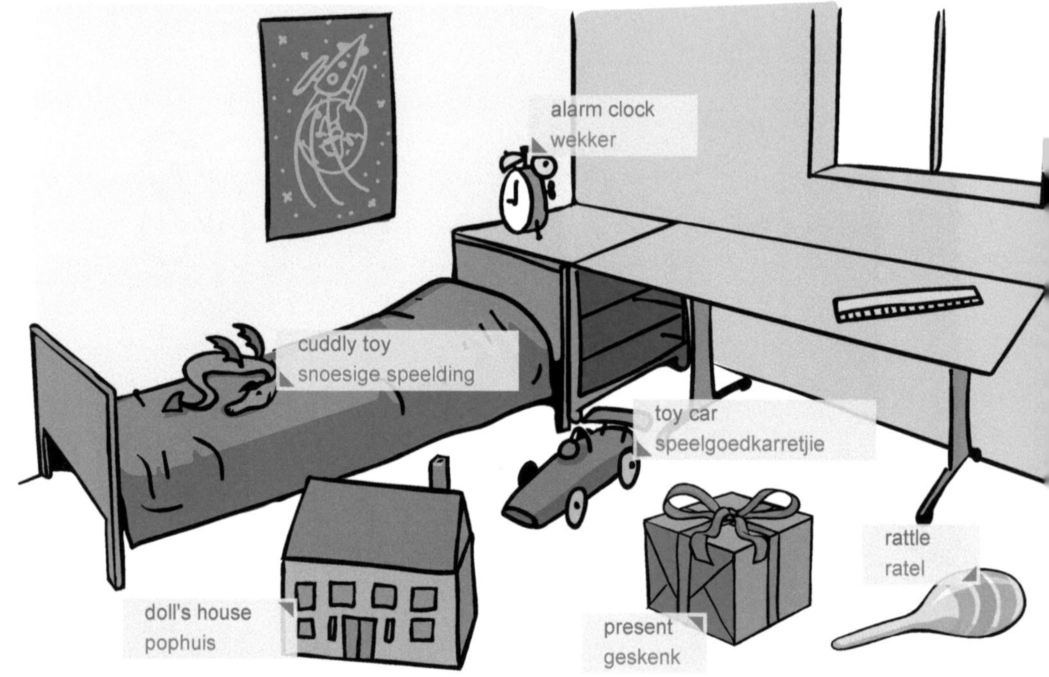

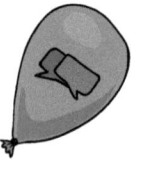

balloon

ballon

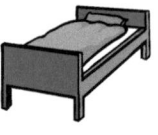

bed

bed

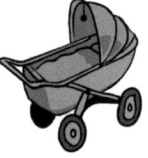

pram

stootwaentjie

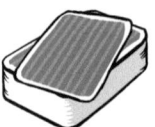

deck of cards

kaartespel

jigsaw

legkaart

SUPER MEGA

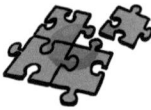

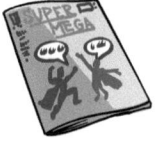

comic

tekenprent

**lego bricks**

lego-blokkies

**building blocks**

speelgoedblokke

**action figure**

animasieheld

**babygrow**

groeipakkie

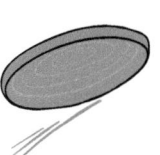

**frisbee**

frisbee

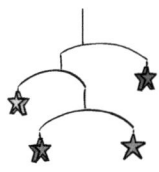

**mobile**

mobile

**board game**

bordspeletjie

**dice**

dobbelsteen

**model train set**

model trein stel

**dummy**

fopspeen

**party**

partytjie

**picture book**

prenteboek

**ball**

bal

**doll**

pop

**play**

speel

sandpit

sandput

swing

swaai

toys

speelgoed

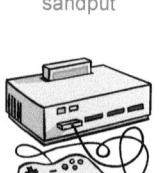

video game console

videospeletjie-konsole

tricycle

driewiel

teddy bear

teddiebeer

wardrobe

klerekas

## clothing

## klere

socks

sokkies

stockings

kouse

tights

broekiekouse

scarf
serp

umbrella
sambreel

t-shirt
t-hemp

belt
belt

boots
skoene

slippers
pantoffels

trainers
tekkies

sandals
sandale

shoes
skoene

rubber boots
rubber stewels

underpants
onderbroek

bra
bra

vest
onderbaadjie

body

liggaam

trousers

broek

jeans

jeans

skirt

romp

blouse

bloes

shirt

hemp

pullover

oortrektrui

hoodie

oortrektrui

blazer

baadjie

jacket

baadjie

coat

jas

raincoat

reënjas

costume

kostuum

dress

rok

wedding dress

trourok

suit

pak

nightgown

nagrok

pyjamas

pajamas

sari

sari

headscarf

kopdoek

turban

tulband

burqa

burqa

kaftan

kaftan

abaya

abaya

swimsuit

swembroek

trunks

swembroek

shorts

kortbroek

tracksuit

sweetpak

apron

voorskoot

gloves

handskoene

button

knoppie

glasses

bril

bracelet

armband

necklace

halssnoer

ring

ring

earring

oorbel

cap

pet

coat hanger

klerehanger

hat

hoed

tie

das

zip

rits

helmet

helmet

braces

draadjies

school uniform

skooluniform

uniform

uniform

bib
bib

dummy
fopspeen

nappy
doek

## office
## kantoor

server
bediener

filing cabinet
liasseerkabinet

printer
drukker

monitor
skerm

paper
papier

desk
lessenaar

mouse
muis

folder
leêr

keyboard
sleutelbord

waste-paper basket
vullisdrom

computer
rekenaar

chair
stoel

coffee mug
koffiebeker

calculator
sakrekenaar

internet
internet

laptop

skootrekenaar

letter

brief

message

boodskap

mobile

selfoon

network

netwerk

photocopier

fotostaatmasjien

software

sagteware

telephone

telefoon

plug socket

muurprop

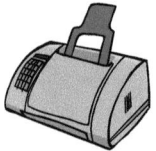

fax machine

faksmasjien

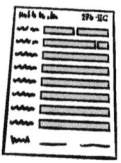

form

vorm

document

dokument

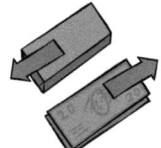

buy

koop

pay

betaal

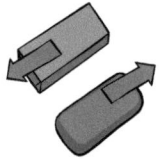

trade

besigheid doen

money

geld

dollar

dollar

euro

euro

yen

yen

rouble

roebel

Swiss franc

switserse frank

renminbi yuan

renminbi yuan

rupee

rupee

cashpoint

kontantteller (ATM)

bureau de change

bureau de change

gold

goud

silver

silwer

oil

olie

energy

energie

price

prys

contract

kontrak

tax

belasting

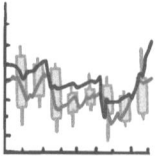

stock

aandele

work

werk

employee

werknemer

employer

werkgewer

factory

fabriek

shop

winkel

# occupations
# beroepe

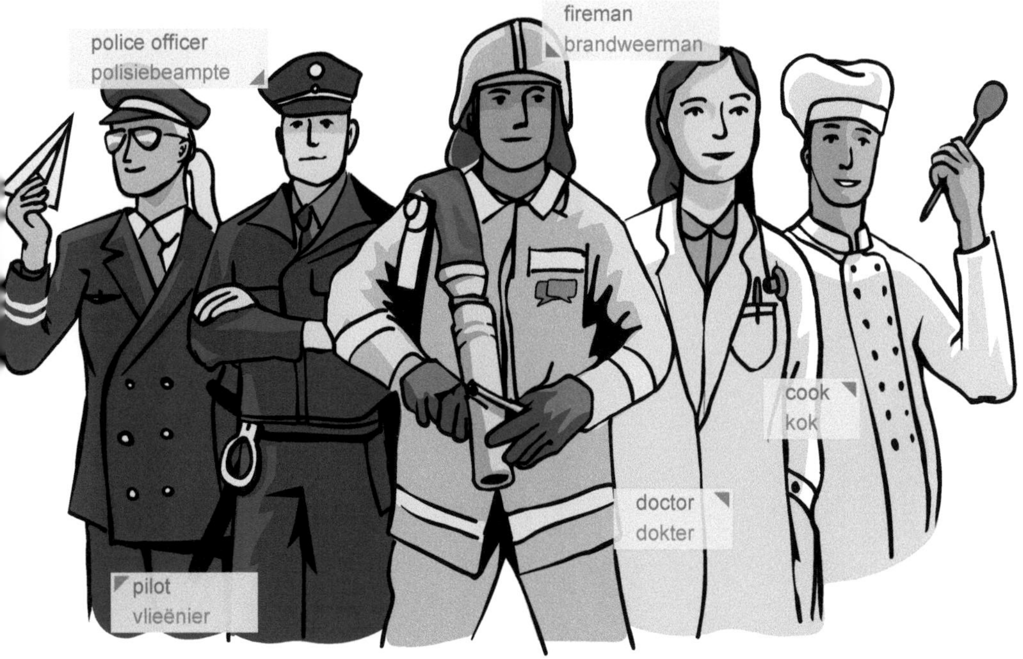

police officer
polisiebeampte
fireman
brandweerman
cook
kok
doctor
dokter
pilot
vlieënier


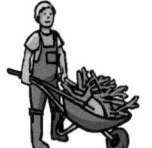

gardener

tuinier

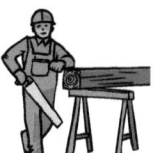

carpenter

timmerman

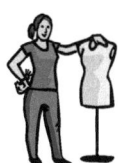

seamstress

naaldwerkster

judge

regter

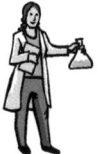

chemist

chemikus

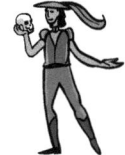

actor

akteur

bus driver

busbestuurder

taxi driver

taxibestuurder

fisherman

visserman

cleaning lady

skoonmaakvrou

roofer

dakwerker

waiter

kelner

hunter

jagter

painter

skilder

baker

bakker

electrician

elektrisiën

builder

bouer

engineer

ingenieur

butcher

slagter

plumber

loodgieter

postman

posman

soldier

soldaat

architect

argitek

cashier

kassier

florist

bloemiste

hairdresser

haarkapper

conductor

kondukteur

mechanic

werktuigkundige

captain

kaptein

dentist

tandarts

scientist

wetenskaplike

rabbi

rabbi

imam

imam

monk

monnik

clergyman

predikant

# tools
# gereedskap

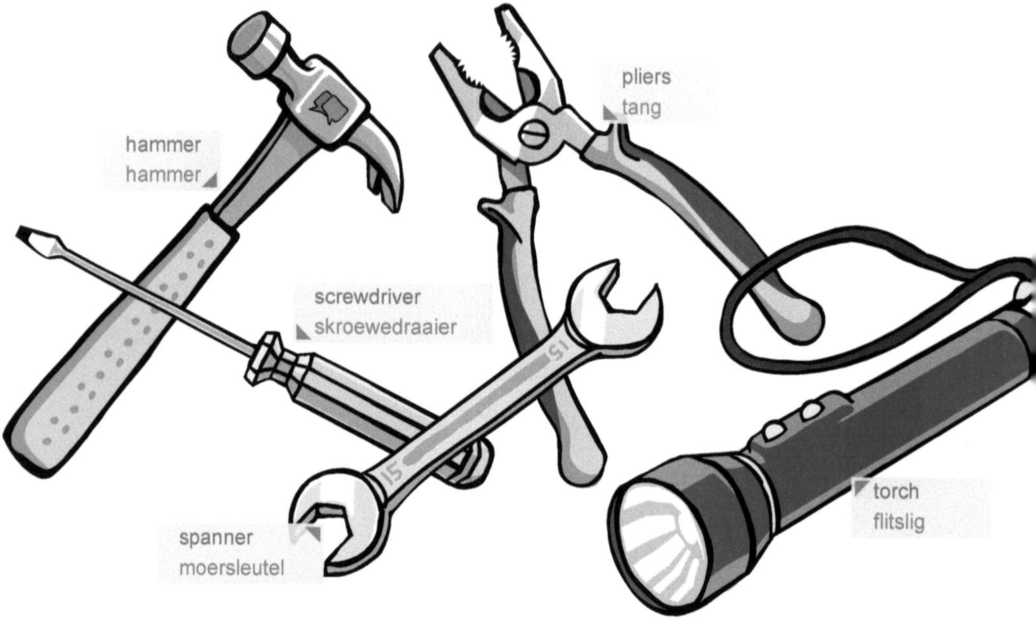
pliers
tang
hammer
hammer
screwdriver
skroewedraaier
torch
flitslig
spanner
moersleutel

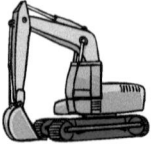

digger
graaftoestel

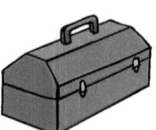

toolbox
gereedskapskis

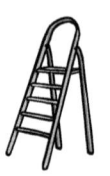

ladder
leer

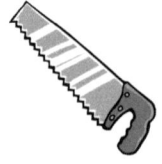

saw
saag

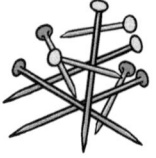

nails
naels

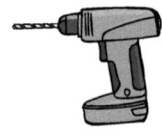

drill
boor

repair

regmaak

shovel

graaf

Damn!

verdomp!

dustpan

skoppie

paint pot

verfpot

screws

skroewe

## musical instruments
## musiekinstrumente

drum kit
drommestel

loudspeaker
luidspreker

guitar
kitaar

double bass
kontrabas

trumpet
trompet

piano

klavier

violin

viool

bass

bas

timpani

keteltrom

drums

dromme

keyboard

sleutelbord

saxophone

saksofoon

flute

fluit

microphone

mikrofoon

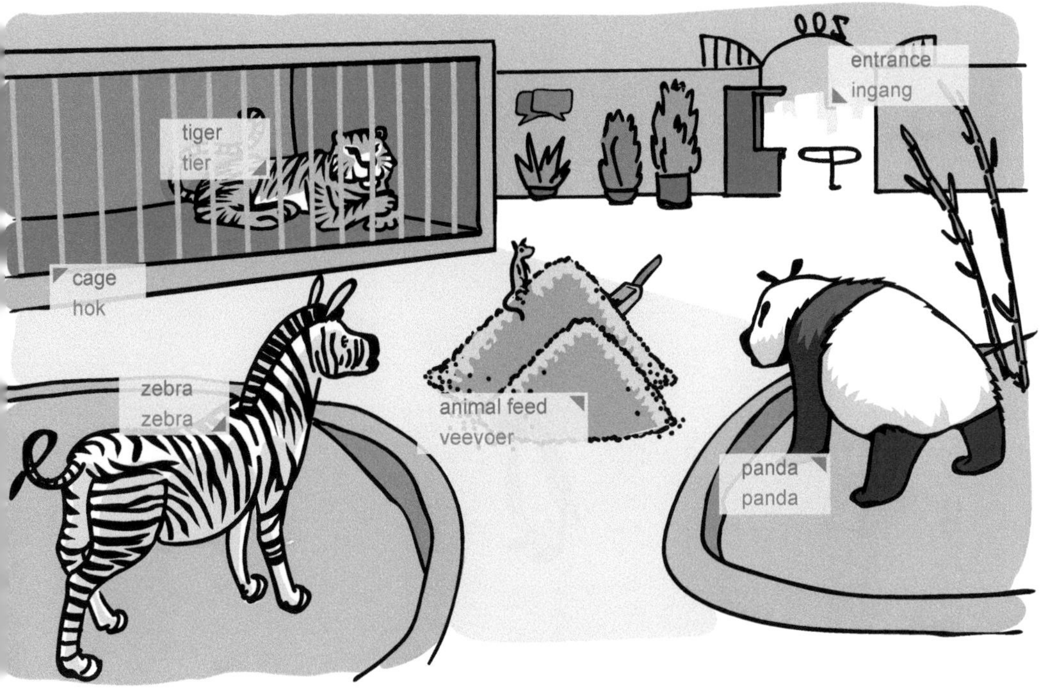

entrance
ingang

tiger
tier

cage
hok

zebra
zebra

animal feed
veevoer

panda
panda

animals
diere

elephant
olifant

kangaroo
kangaroo

rhino
renoster

gorilla
gorilla

bear
beer

camel

kameel

ostrich

volstruis

lion

leeu

monkey

aap

flamingo

flamink

parrot

papegaai

polar bear

ysbeer

penguin

pikkewyn

shark

haai

peacock

pou

snake

slang

crocodile

krokodil

zookeeper

dieretuinopsigter

seal

rob

jaguar

jaguar

pony
ponie

leopard
luiperd

hippo
seekoei

giraffe
kameelperd

eagle
arend

boar
wildevark

fish
vis

turtle
skilpad

walrus
walrus

fox
jakkals

gazelle
gemsbok

American football
Amerikaanse Voetbal

cycling
fietsry

tennis
tennis

basketball
basketbal

swimming
swem

boxing
boks

ice hockey
ys-hokkie

football
sokker

badminton
pluimbal

athletics
atletiek

handball
handbal

skiing
ski

polo
polo

# activities
# aktiwiteite

laugh
lag
jump
spring
hug
drukkie
walk
loop
sing
sing
dream
droom
pray
bid
kiss
soen

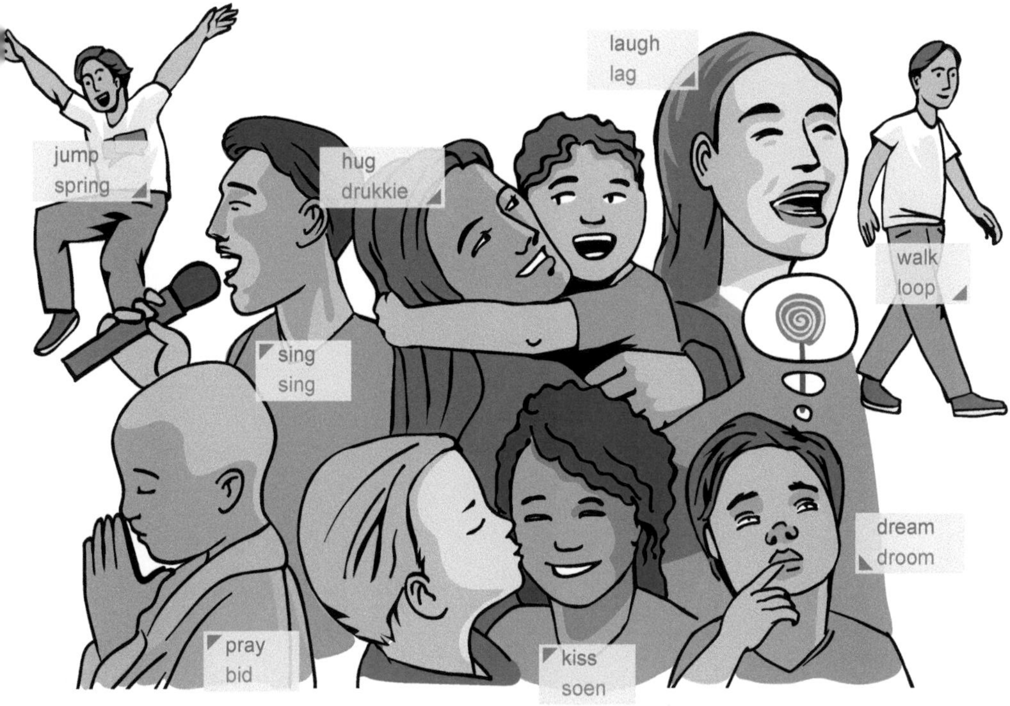

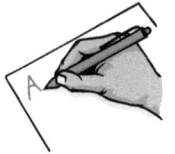

write
skryf

draw
teken

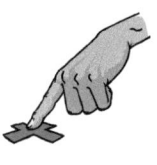

show
show

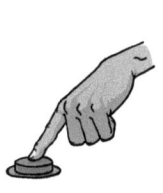

push
druk

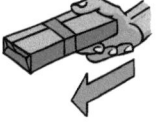

give
gee

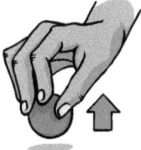

take
neem

have

het

do

doen

be

wees

stand

staan

run

hardloop

pull

trek

throw

gooi

fall

val

lie

jok

wait

wag

carry

dra

sit

sit

get dressed

aantrek

sleep

slaap

wake up

wakker word

look at

kyk na

cry

huil

stroke

streel

comb

kam

talk

praat

understand

verstaan

ask

vra

listen

luister

drink

drink

eat

eet

tidy up

opruim

love

liefhê

cook

kook

drive

ry

fly

vlieg

sail

seil

calculate

bereken

read

lees

learn

leer

work

werk

marry

trou

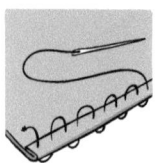

sew

naai

brush teeth

tande borsel

kill

doodmaak

smoke

rook

send

stuur

# family
# familie

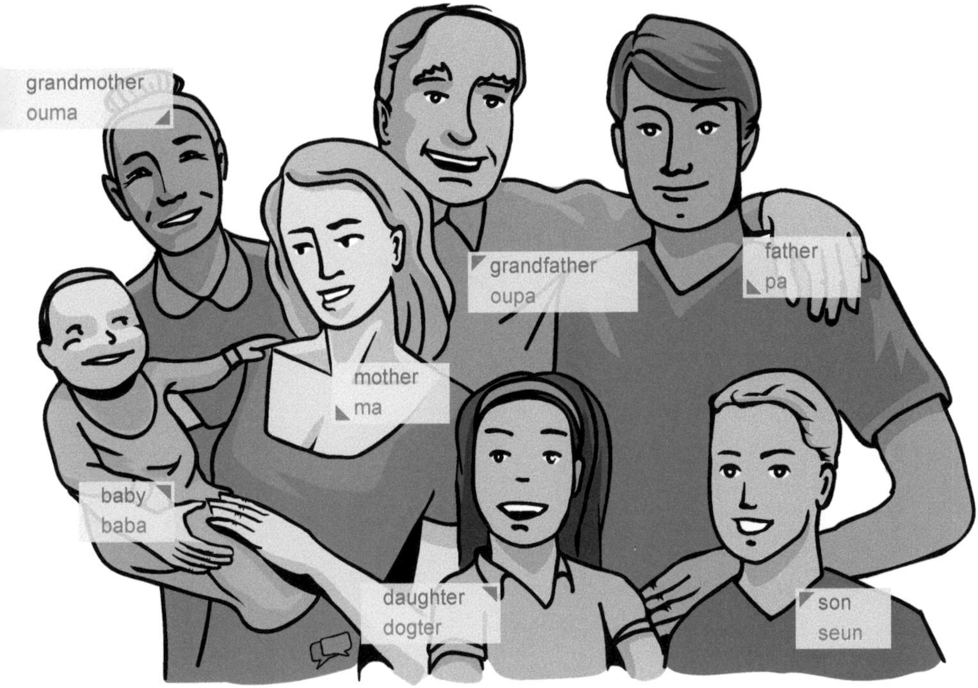
grandmother
ouma
grandfather
oupa
father
pa
mother
ma
baby
baba
daughter
dogter
son
seun

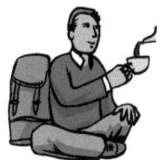

guest
gas

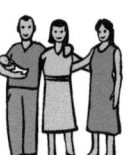

aunt
tannie

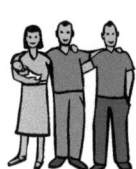

uncle
oom

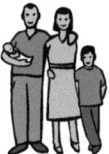

brother
broer

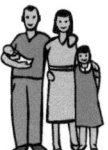

sister
suster

# body
# liggaam

forehead
voorkop
eye
oog
shoulder
skouer
finger
vinger
face
gesig
chin
ken
hand
hand
breast
bors
leg
been
arm
arm


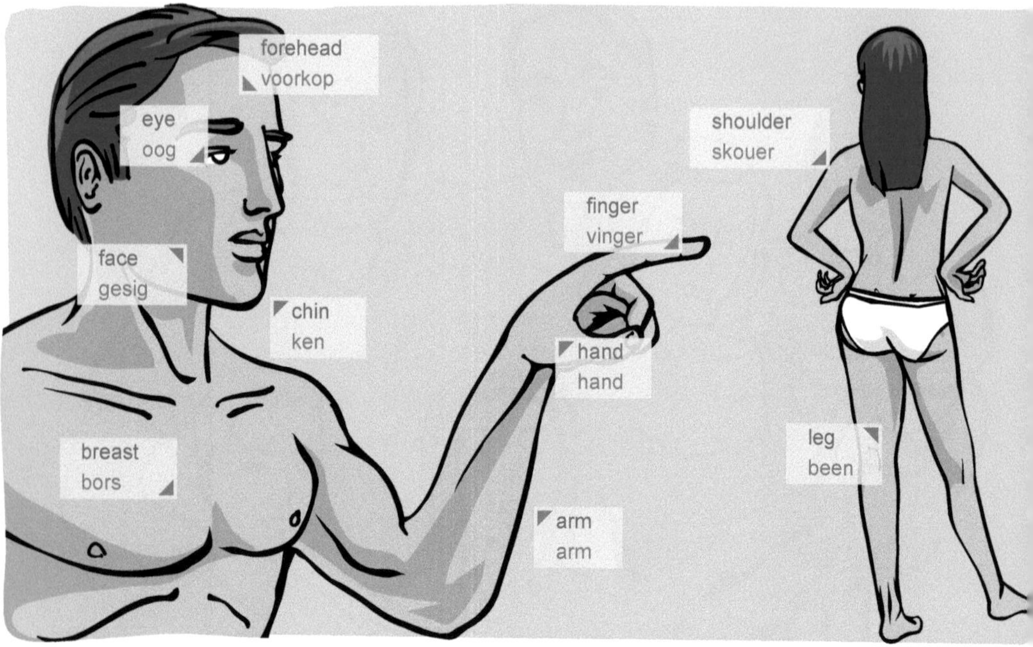

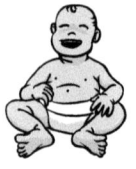

baby
baba

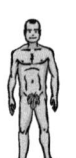

man
man

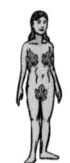

woman
vrou

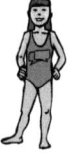

girl
meisie

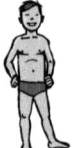

boy
seun

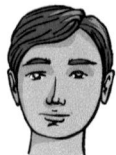

head
kop

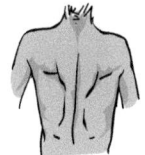

back
...................
rug

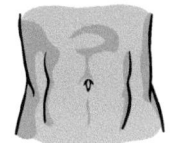

belly
...................
buik

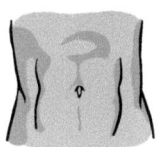

belly button
...................
naelstring

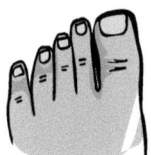

toe
...................
toon

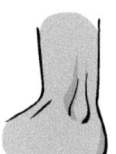

heel
...................
hak

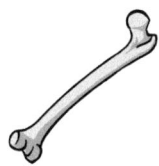

bone
...................
been

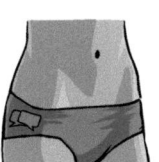

hip
...................
heup

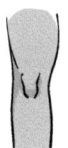

knee
...................
knie

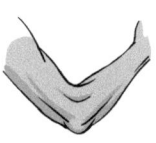

elbow
...................
elmboog

nose
...................
neus

bottom
...................
boude

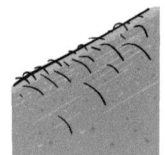

skin
...................
vel

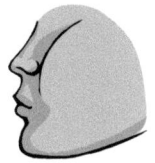

cheek
...................
wang

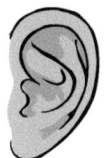

ear
...................
oor

lip
...................
lippe

body - liggaam

mouth

mond

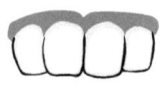

tooth

tand

tongue

tong

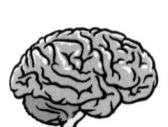

brain

brein

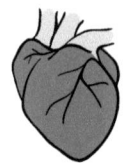

heart

hart

muscle

spiere

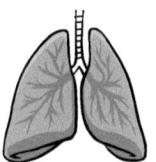

lung

long

liver

lewer

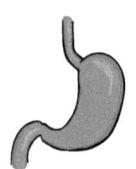

stomach

maag

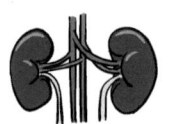

kidneys

niere

sex

seks

condom

kondoom

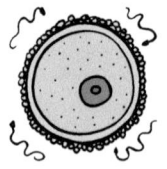

ovum

eierstok

semen

semen

pregnancy

swangerskap

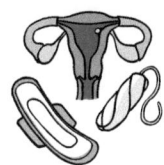

menstruation

menstruasie

vagina

vagina

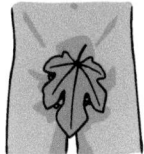

penis

penis

eyebrow

wenkbrou

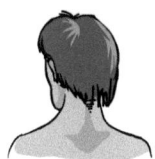

hair

hare

neck

nek

# hospital
# hospitaal

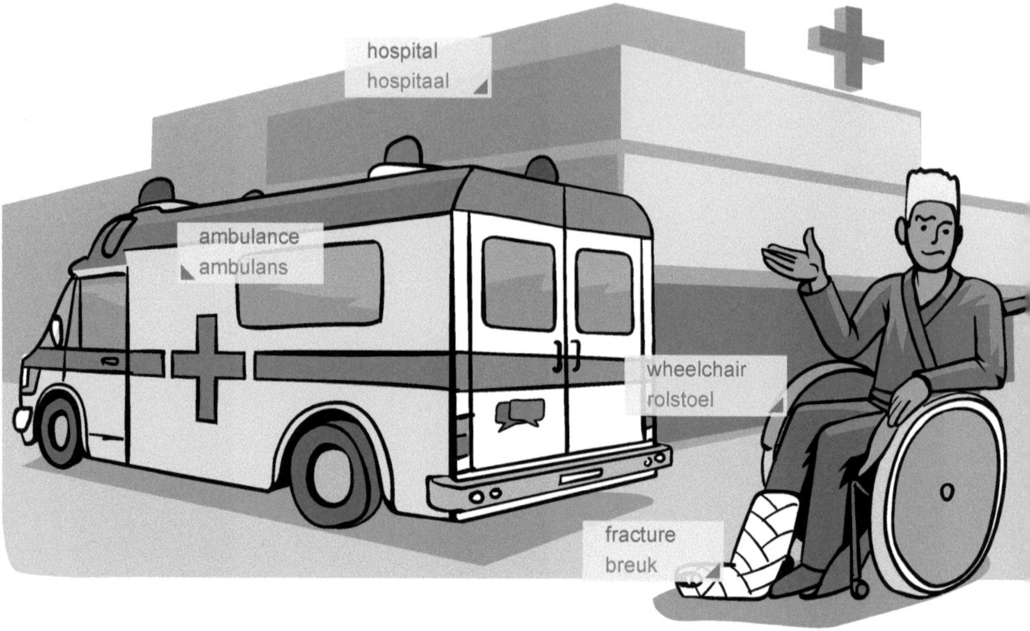

hospital
hospitaal
ambulance
ambulans
wheelchair
rolstoel
fracture
breuk


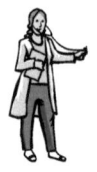

doctor
dokter

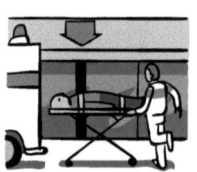

emergency room
ongevalle

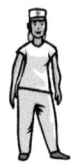

nurse
verpleegster

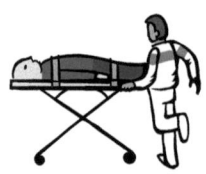

emergency
noodgeval

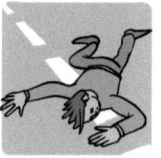

unconscious
bewusteloos

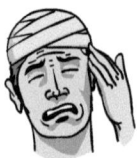

pain
pyn

injury

besering

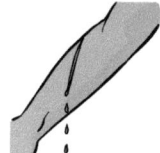

bleeding

bloeding

heart attack

hartaanval

stroke

beroerte

allergy

allergie

cough

hoes

fever

koors

flu

griep

diarrhoea

diarree

headache

hoofpyn

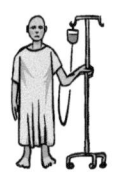

cancer

kanker

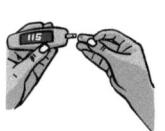

diabetes

diabetes

surgeon

chirurg

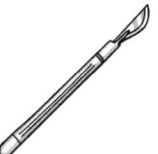

scalpel

skalpel

operation

operasie

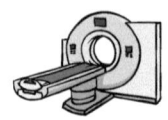

CT

CT

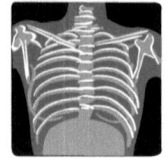

x-ray

X-straal

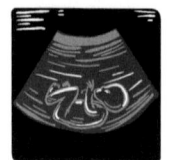

ultrasound

ultraklank

face mask

gesigmasker

disease

siekte

waiting room

wagkamer

crutch

kruk

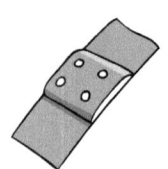

plaster

gips

bandage

verband

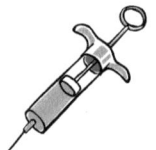

injection

inspuiting

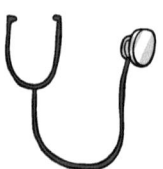

stethoscope

stetoskoop

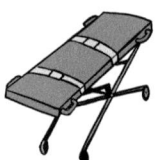

stretcher

draagbaar

clinical thermometer

kliniese termometer

birth

geboorte

overweight

oorgewig

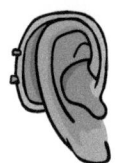

hearing aid

gehoorapparaat

disinfectant

ontsmettingsmiddel

infection

infeksie

virus

virus

HIV / AIDS

MIV / vigs

medicine

medisyne

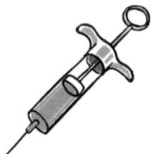

vaccination

inenting

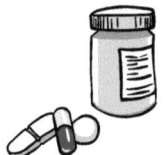

tablets

tablette

pill

pil

emergency call

noodoproep

blood pressure monitor

blooddrukmonitor

ill / healthy

siek / gesond

Help!      alarm      assault

Help!      alarm      aanranding

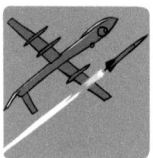

attack      danger      emergency exit

aanval      gevaar      nooduitgang

Fire!      fire extinguisher      accident

Brand!      brandblusser      ongeluk

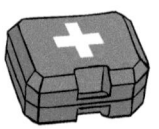

first-aid kit      SOS      police

noodhulpkissie      SOS      polisie

Europe

Europa

North America

Noord-Amerika

South America

Suid-Amerika

Africa

Afrika

Asia

Asië

Australia

Australië

Atlantic

Atlantiese Oseaan

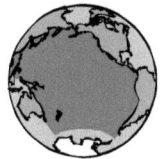

Pacific

Stille Oseaan

Indian Ocean

Indiese Oseaan

Antarctic Ocean

Antarktiese Oseaan

Arctic Ocean

Arktiese Oseaan

North Pole

Noordpool

South Pole
Suidpool

Antarctica
Antarktika

Earth
aarde

land
land

sea
see

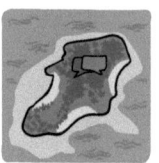

island
eiland

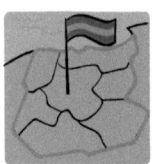

nation
nasie

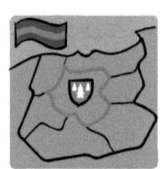

state
staat

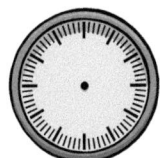

clock face

horlosie

hour hand

uur-aanwyser

minute hand

minuut-aanwyser

second hand

sekonde-aanwyser

What time is it?

Hoe laat is dit?

day

dag

time

tyd

now

nou

digital watch

digitale horlosie

minute

minuut

hour

uur

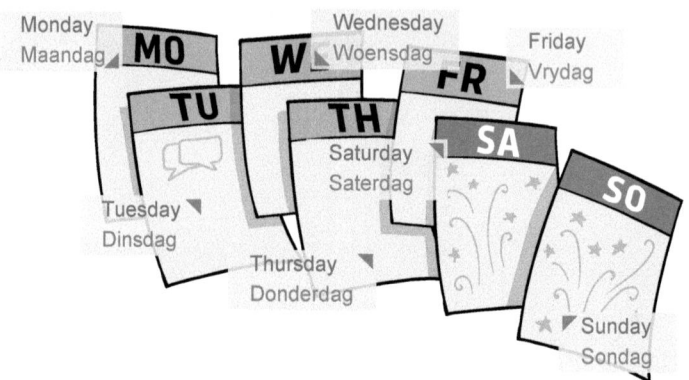

yesterday

gister

today

vandag

tomorrow

môre

morning

oggend

noon

middag

evening

aand

| MO | TU | WE | TH | FR | SA | SU |
|----|----|----|----|----|----|----|
| 1 | 2 | 3 | 4 | 5 | 6 | 7 |
| 8 | 9 | 10 | 11 | 12 | 13 | 14 |
| 15 | 16 | 17 | 18 | 19 | 20 | 21 |
| 22 | 23 | 24 | 25 | 26 | 27 | 28 |
| 29 | 30 | 31 | 1 | 2 | 3 | 4 |

business days

werksdae

| MO | TU | WE | TH | FR | SA | SU |
|----|----|----|----|----|----|----|
| 1 | 2 | 3 | 4 | 5 | 6 | 7 |
| 8 | 9 | 10 | 11 | 12 | 13 | 14 |
| 15 | 16 | 17 | 18 | 19 | 20 | 21 |
| 22 | 23 | 24 | 25 | 26 | 27 | 28 |
| 29 | 30 | 31 | 1 | 2 | 3 | 4 |

weekend

naweek

# year
# jaar

rain
reën
wind
wind
snow
sneeu
spring
lente
autumn
Herfs
summer
somer
winter
winter

4.APRIL 11°
5.APRIL 4°
6.APRIL 13°
7.APRIL 8°
8.APRIL 10°

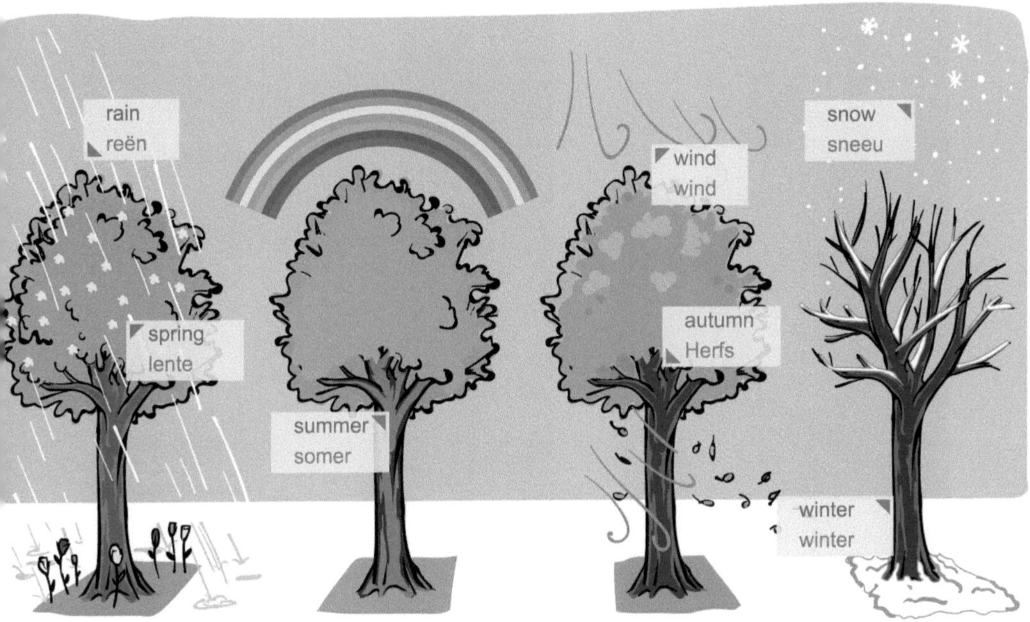

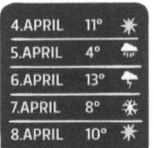

weather forecast

weervoorspelling

F
C
120
90
60
30
0
-30
40
30
20
10
0
-10
-20

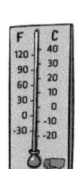

thermometer

termometer

sunshine

sonskyn

cloud

wolk

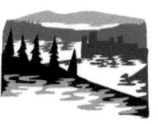

fog

mis

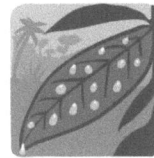

humidity

humiditeit

lightning

weerlig

thunder

donderweer

storm

storm

hail

hael

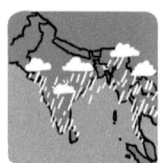

monsoon

reënseisoen

flood

vloed

ice

ys

January

Januarie

February

Februarie

March

Maart

April

April

May

Mei

June

Junie

July

Julie

August

Augustus

year - jaar

September
.................
September

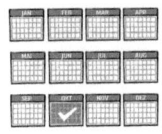

October
.................
Oktober

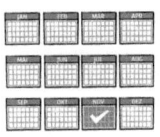

November
.................
November

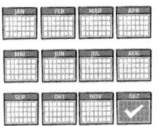

December
.................
Desember

circle
.................
sirkel

square
.................
vierkant

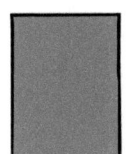

rectangle
.................
reghoek

triangle
.................
driehoek

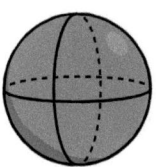

sphere
.................
gebied

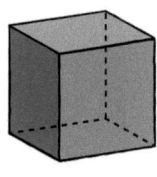

cube
.................
kubus

# colours
## kleure

white

wit

yellow

geel

orange

oranje

pink

pink

red

rooi

purple

pers

blue

blou

green

groen

brown

bruin

grey

grys

black

swart

a lot / a little

'n baie / 'n bietjie

angry / calm

kwaad / kalm

beautiful / ugly

pragtig / lelik

beginning / end

begin / einde

big / small

groot / klein

bright / dark

helder / donker

brother / sister

broer / suster

clean / dirty

skoon / vuil

complete / incomplete

volledige / onvolledige

day / night

dag / nag

dead / alive

dood / lewendig

wide / narrow

wyd / smal

edible / inedible

eetbare / oneetbaar

evil / kind

kwaad / vriendelik

excited / bored

opgewonde / verveeld

fat / thin

vet / maer

first / last

eerste / laaste

friend / enemy

vriend / vyand

full / empty

vol / leeg

hard / soft

hard / sag

heavy / light

swaar / lig

hunger / thirst

honger / dors

ill / healthy

siek / gesond

illegal / legal

onwettige / wettige

intelligent / stupid

slim / dom

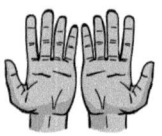

left / right

links / regs

near / far

naby / vêr

new / used

nuut / tweedehands

nothing / something

niks / iets

old / young

oud / jonk

on / off

aan / af

open / closed

oop / toe

quiet / loud

stil / lawaaierig

rich / poor

ryk / arm

right / wrong

reg / verkeerd

rough / smooth

grof / glad

sad / happy

hartseer / gelukkig

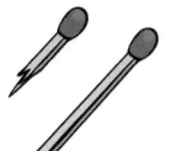

short / long

kort / lank

slow / fast

stadig / vinnig

wet / dry

nat / droog

warm / cool

warm / koel

war / peace

oorlog / vrede

**0**

zero

nul

**1**

one

een

**2**

two

twee

**3**

three

drie

**4**

four

vier

**5**

five

vyf

**6**

six

ses

**7**

seven

sewe

**8**

eight

agt

**9**

nine

nege

**10**

ten

tien

**11**

eleven

elf

**12**

twelve

twaalf

**13**

thirteen

dertien

**14**

fourteen

veertien

**15**

fifteen

vyftien

**16**

sixteen

sestien

**17**

seventeen

sewentien

**18**

eighteen

agtien

**19**

nineteen

negentien

**20**

twenty

twintig

**100**

hundred

honderd

**1.000**

thousand

duisend

**1.000.000**

million

miljoen

English

Engels

American English

Amerikaanse Engels

Chinese Mandarin

Mandaryns

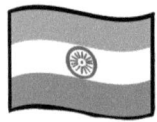

Hindi

Hindi

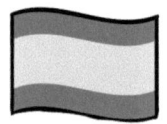

Spanish

Spaans

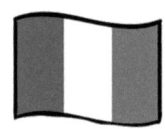

French

Frans

Arabic

Arabies

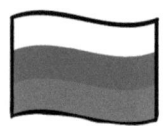

Russian

Russies

Portuguese

Portugees

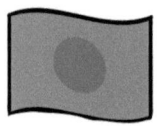

Bengali

Bengaals

German

Duits

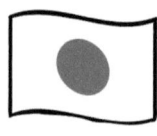

Japanese

Japanees

I

Ek

you

jy

he / she / it

hy / sy / dit

we

ons

you

julle

they

hulle

who?

wie?

what?

wat?

how?

hoe?

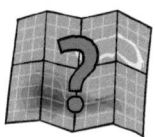

where?

waar?

when?

wanneer?

name

naam

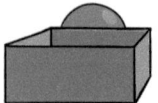

behind

agter

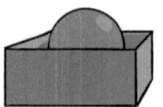

in

in

in front of

voor

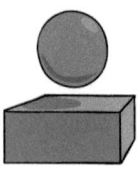

over

oor

on

bo-op

under

onder

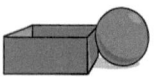

beside

langs

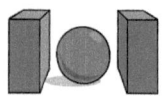

between

tussen

place

plek